# LA MERE COQVETTE, OV LES AMANS BROÜILLEZ,

## COMEDIE.

REPRESENTEE PAR LA TROVPE DV ROY.



A PARIS,

Chez MICHEL BOBIN, & NICOLAS LE GRAS, dans la Grand'Salle du Palais, à L. Couronnée, & à l'Esperance.

M. DC. LXVI.

AVEC PRIVILEGE DV ROY.

# PREFACE.

TOUT Paris a vû joüer en méme temps ſur deux Illuſtres Theatres, deux Comédies qui portoient le nom de la Mere Coquette, ou des Amans Broüillez. L'vne eſt d'vn fameux Autheur, qui a déja mis pluſieurs Ouurages au jour, auec beaucoup d'applaudiſſement : & l'autre, celle qui a été representée par la Troupe du Roy. Si ie dois retirer quelque gloire de cette derniere, c'est d'auoir été assez heureux pour inuenter vn Sujet qui ait pû seruir d'Idée à vn Autheur dont la reputation est si bien établie. Il a luy-méme auoüé que ie luy en fis confidence chez vne Personne de Qualité, qui s'en souuient encor aussi bien que luy. C'est vne verité qui passe pour constante: & ie ne dois pas me mettre en peine de la prouuer, puis que des Personnes de Naissance & dignes de Foy, ont veu ma Piece, long-temps, auant que cet illustre Autheur eust commencé de trauailler à la sienne, & l'ont méme dit à Sa Majesté, lors que nòtre guerre a fait le plus de bruit, & qu'elle en étoit importunée. Depuis, il s'est auisé de dire pour se justifier, qu'il auoit tiré sa Piece, d'vn sujet Espagnol : & dans celle qu'il rapporte, on void vne Tante qui éleue vne Niéce, & qu'il dit luy auoir fourny l'Idée de la Mere Coquette. Mais il est bien plus vray-ſemblable que c'eſt la mienne, puis qu'il n'y a pas tant de difference de Mere à Mere, que d'vne Tante à vne Niéce. Peut-étre qu'il me dira que la Tante eſt vieille: mais cela ne doit produire aucun bel effet, puis qu'il n'eſt pas impoſſible qu'elle ſoit auſſi jeune que ſa Niéce, & que le Caractére de la Mere que nous auons fait parétre ſur la Scéne, n'eſt plaiſant qu'en ce qu'elle veut parétre auſſi jeune que ſa Fille, & que l'on eſt perſüadé du contraire. Car on en pouroit douter, ſi c'étoit vne Tante, puis que l'on parét quelquefois plus jeune que l'on n'eſt: mais il eſt impoſſible que l'on ait cette penſée pour vne Mére, quand méme elle parétroit auſſi jeune que ſa Fille. C'eſt ce qui rend le Caractére de la Mére, ridicule, & cē qui fait voir qu'il n'y a rien de commun entre la Tante de l'Eſpagnol, & la Mére dont ie luy ay fourny l'Idée. Pour ce qui eſt de quelques autres penſées, où nous nous ſommes rencontrez, qui ne regardent point la Mére Coquette, ie croy étre obligé de dire qu'elles sont dans le Berger Extrauagant, & en d'autres Lieux, & que ie les feray voir s'il en est besoin. Quant au Caractere de la Seruante que l'on peut dire qui fait tout dans cette Piece, puis qu'en faisant agir tous les autres, elle agit aussi toujours Elle-méme, ie feray voir à cet Autheur, la méme chose dans le Romant de Cassandre, & vne Lettre qui produit les mémes Effets que la nótre de la Mére Coquette. Il est vray que c'est parmy des Personnes releuées : mais cela ne fait rien à nòtre Dispute. Voila à peu pres, les Endroits où nous pouuons nous étre rencontrez par la lecture de ces Liures là : mais pour ce qui regarde le Caractere de la Mére Coquette, ie crois en étre le seul Inuenteur, & que rien n'a pu luy en fournir l'idée, que les Vers que ie luy ay dis sur ce sujet. Au reste, comme ma Piece a cabalé toute seule, & que ie ne me suis point mis en peine de la faire réüssir, ainsi que font quelques Autheurs, que la Caballe rend illuſtres, elle n'a pas reſſemblé à celles qui ſont grand feu d'abord, & qui tombent apres, tout d'vn coup, puis qu'elle a été plus ſuiuie à la dixhuitiéme Repréſentation, qu'à la premiére.

## *Extrait du Priuilege du Roy.*

PAr Grace & Priuilege du Roy, Donné à Paris le 30. jour de Decembre 1665. Signé, Par le Roy en son Conseil, DE SEIGNEROLLES : Il est permis à Pierre Traboüillet, Marchand Libraire a Paris, d'imprimer, ou faire imprimer, vendre & debiter vne Piece de Theatre, intitulée, LA MERE COQVETTE, ou LES AMANS BROÜILLEZ pendant le temps & espace de cinq ans, entiers & accomplis, à compter du jour que ladite Piece sera acheuée d'imprimer : Et defenses sont faites à tous Libraires, & autres, de quelque qualité & condition qu'ils soient, de l'imprimer, ou faire imprimer, à peine aux contreuenans de trois mille liures d'amende, de confiscation des Exemplaires contrefaits, & de tous despens, dommages & interests, ainsi que plus au long il est porté par ledit Priuilege.

Registré sur le Liure de la Communauté, suiuant l'Arrest de la Cour. Signé, S. PIGET Syndic.

Ledit Sieur Traboüillet, a associé audit Priuilege, Michel Bobin, Nicolas le Gras & Theodore Girard, aussi Marchands Libraires à Paris, pour en joüir suiuant l'accord fait entr'eux.

*Acheué d'imprimer pour la premiere fois, le 4. Ianvier 16 6.*

Les Exemplaires ont esté fournis.

# ACTEVRS.

GERONTE, Pere d'Arimant.

ARIMANT, Amant de Belamire.

LVCINDE, Mere de Belamire.

IACINTE, Seruante de Lucinde,

BELAMIRE, Fille de Lucinde.

LE MARQVIS.

ERGASTE, Valet de Lucinde.

*La Scene est dans vne Salle, chez Lucinde.*

# LA MERE COQVETTE, OV LES AMANS BROÜILLEZ. COMEDIE.

## ACTE I.

### SCENE PREMIERE.

IACINTE, LVCINDE.

IACINTE.

Madame, d'où vous vient cette langueur mortelle ?
Vous êtes, quoy que Veuve, & jeune, & riche, & belle,
Vôtre Fille est bien faite, elle a beaucoup d'esprit.

LVCINDE.

Ah ! c'est de sa beauté que vient tout mon dépit.

Les Méres, tu le sçais, qui sont encore belles,
Ne doiuent point auoir de Filles aupres d'elles.
Nos Attrais sont toûjours éfacez par les leurs,
Ils sçauent, malgré nous, l'Art de vaincre les Cœurs;
Souuent, lors que l'on void la Fille auec la Mére,
I'entens certains discours qui ne me plaisent guére,
Et des Gens qui tout bas, disent autour de moy,
Cet Objet rangera bien des Cœurs sous sa Loy.
Quand sa Mére étoit Fille, elle étoit aussi belle.
Ah! discours trop piquans! loüange trop cruelle!
Laissons là le Passé, si le Présent est beau,
Mes Appas, auant moy, n'iront point au Tombeau.
Si l'on examinoit les trais de mon Visage,
Qui ne démentent point ceux de mon plus bas âge,
On verroit le sujet qui cause mon ennuy;
Mais ayant prés de moy Belamire, aujourd'huy
Sans parêtre plus vieille, on diroit que mon âge
Se void dans sa grandeur plus que sur mon Visage;
Ie tâche, vainement, de flater ma douleur,
En me représentant que ie parés sa Sœur,
Et que dessus mon Front, tant de jeunesse brille,
On la conoit trop bien, l'on sçait qu'elle est ma Fille.

IACINTE.

Mais quoy! la marier, c'est l'éloigner de vous,
Et ie ne comprens point, ie l'auoüe entre nous,
Pourquoy vous prétendez rompre son mariage,
Ny pour quelle raison i'entreprens cet Ouurage.

LVCINDE.

Quoy, tu ne conés pas, toy qui sçais mes Secrets,
Pourquoy i'agis ainsi, ny pour quels interéts?

Apprend que ma douleur deuiendroit bien amére,
Si par ce triste Hymen ie deuenois Grand'Mere.
Quoy, Grand'Mere! Ah ce nom m'éfraye au dernier [poinct.
Sois seure qu'Arimant ne l'épousera point:
Et puis si i'ose, enfin, te l'auoüer sans honte,
Ie croy bien meriter les douceurs qu'il luy conte.
Comme tu me conés, tu l'as pû soupçonner,
Et m'as desobligée à ne pas deuiner.

IACINTE.

Ie deuinois fort bien, & n'osois vous le dire;
Mais ie veux qu'Arimant luy laisse Belamire,
Qu'il n'adore que vous : croyez asseurément,
Que dans peu cette Belle aura quelqu'autre Amant.

LVCINDE.

I'y vais mettre bon ordre, & ie veux que ma Fille
Suiue mes volontez, en épousant la Grille.
I'agiray doucement, va la faire venir,
Et vien voir de quel air ie vais l'entretenir.

*Iacinte entre dans la Chambre de Belamire.*

## SCENE II.

### LVCINDE *seule.*

IE l'aime, mais aussi ie m'aime vn peu plus qu'elle,
Ie ne la puis souffrir, pource qu'elle est trop belle.
Plût au Ciel qu'Arimant luy trouuât moins d'Appas,
Ie pourrois me résoudre à ne l'éloigner pas.

## SCENE III.

### LVCINDE, BELAMIRE, IACINTE.

LVCINDE.

MA Fille, approchez-vous?

BELAMIRE.

Que voulez-vous, ma Mére?

LVCINDE.

Ma Fille, de ce nom tâchez de vous défaire,
Vous le dites souuent, & sans necessité:
Mais sçachez que les Gens qui sont de qualité,
Ne disent point ma Mére, & qu'ils disent Madame.

Mais que ie sens pour vous de trouble dans mon Ame!
Vous grandissez, ma Fille, & c'est pourquoy ie dois,
Du Monde, ou du Conuent, vous faire faire chois.
Quãd i'y songe vn momẽt, ma peine est sans seconde,
Vous souffririez beaucoup, si vous restiez au Monde.
Eust on de grands Trésors, fust-on d'vn noble Sang,
Sans étre mariée, on n'y tient point de rang.
Il faut donc s'embarquer dedans le Mariage;
Mais l'on sçait trop que c'est vn pompeux Esclauage,
Vn Charme dangereux qui sçait nous éblouïr,
Vne Prison ouuerte, & dont on ne peut fuir,
Vn Plaisir sans appas, vne Douceur amére,
Bref, le plus grand des Maux, & le plus ordinaire.
La Femme doit étre humble, & seruir son Epoux,
Endurer son chagrin, endurer son courroux;
Lors qu'vn Mary le veut, malgré nous il faut rire,
Manger sans auoir faim, pleurer quand il soûpire,
Et par vne rigueur pire que le Trépas,
Ne se point ajuster quand il ne luy plaît pas.
On souffre encor beaucoup dedans le Mariage,
Des Enfans qui nous font vieillir plûtot que l'âge;
Vn Epoux, en mourant, peut laisser des Procez,
Qui nuisent à nos Biens, ainsi qu'à nos Attrais.
Tel est le Mariage : & par l'experience,
On void que ses Plaisirs n'ont rien que l'apparence,
Que tous les Hommes sont perfides, inconstans,
Et que leur plus grand feu ne dure pas longtemps,
On meine dans vn Cloître, vne plus douce vie,
De l'embarras du Monde, elle n'est point suiuie,
Et c'est celle, à mon sens, que vous deuez choisir.

BELAMIRE.

Ie voudrois, de bon cœur, suiure vôtre desir,

Mais. . . .

LVCINDE.

Suiuez mes conseils, croyez que ie vous aime,
Quand malgré mõ amour, qui pour vous est extréme,
Malgré les Déplaisirs qu'en secret i'en ressens,
Ie me fais violence alors que ie consens
A vous laisser aller dans des Lieux où vôtre Ame
Ne doit iamais brûler que d'vne sainte flâme:
Et quand ie vous le dis, le juste Ciel conêt
Si c'est pour vôtre Bien, ou pour mon Interêt.

BELAMIRE *en se reprenant.*

Mais ma Mére.... Excusez, le trouble de mon Ame
Me faisoit oublier qu'il faut dire Madame.

LVCINDE.

Ie conoy que le Monde a pour vous des appas,
Vous vous perdez, ma Fille, & vous n'y pensez pas.

BELAMIRE.

Ne peut-on pas par tout . . . .

LVCINDE.

Plût à Dieu qu'à cet âge
Mon Bonheur m'eût offert vn pareil auantage!

BELAMIRE.

Mais, mon Pere, Madame, étoit-il Homme?...

LVCINDE.

Oüy;
Mais l'on en trouue peu de pareils aujourd'huy.

BELAMIRE.

Peut-être que le Ciel à mes vœux fauorable,
Pourra dans Arimant, m'en donner vn semblable.

LVCINDE.

Le Ciel dans vos Amours ne prendra point de part.

BELAMIRE.

Madame, il faut donner quelque chose au hazard.

LVCINDE,

Vous y serez trompée.

BELAMIRE.

Il est vray, ie puis l'être.
Mais quoy, ne faut-il pas qu'vn Mary soit le Maître?

LVCINDE.

Rentrez, impertinente, & ne répondez pas,
Ostez ces Mouches là, mettez des Souliers bas,
Les hauts Talons pour vous ne sont pas à la mode,
Et puis cette chaussure est beaucoup incommode.

BELAMIRE.

Mais....

LVCINDE.

Mais r'entrez, vous dis-je, & ne repliquez pas,
Faut-il qu'aupres de Moy ie voye tant d'Appas?

## SCENE IV.

### LVCINDE, IACINTE.

LVCINDE.

VOy qu'elle parêt grande, & regarde, Iacinte,
Si mon Ame a sujet d'étre ouuerte à la plainte?
Elle n'a pas quinze ans, & tu sçais toutesfois,
Que tout le monde veut qu'elle en ait vingt & trois.
Quoy que ie sois encor dans vn assez jeune âge,
Ie verray, deuant moy, chacun luy rendre hommage,
De ses brillans Appas conêtre le pouuoir.
Ah! deuois-je souffrir qu'elle prît l'habit noir?
Ce Penser me chagrine, & me rend inquiete.

IACINTE.

Madame, vous deuiez luy laisser la Bauette;
Mais puis que vous voulez luy rauir Arimant,
Ie veux, dés aujourd'huy, vous gagner cet Amant;
Et ie le vais contraindre à vous venir, luy-méme,
Declarer, que pour vous, son amour est extréme.

Ie veux que ces Amans ne se puissent souffrir,
Que de leur Ialousie ils ne puissent guérir,
Et que leur peine enfin soit & forte, & durable.
Ne croyez pas, au moins, Belamire coupable,
Quand vous verrez tantôt l'amoureux Arimant
L'appeller inconstante, auec emportement.
Querellez là pourtant, paressez en colere,
Et laissez-moy le soin de conduire l'affaire.

LVCINDE.

Ie te le laisse entier : mais sois seure pourtant
Que ie reconétray ce seruice important.

## SCENE V.

### IACINTE *seule.*

POur moy, ie veux toûjours biẽ seruir ma Maîtresse,
Elle a pour tous ses Gens vne grande tendresse,
Et n'en met point dehors, sans les récompenser;
Mais en seruant sa Fille, elle peut me chasser.
Non, il ne faut iamais seruir contre son Maître,
Puis qu'enfin, tôt ou tard, il peut le reconaître:
Toûjours au gros de l'Arbre on se doit attacher,
Et c'est le seul Appuy que l'on doit rechercher;
Qui n'en tient qu'vne branche, est mal en asseurance,
Et la crainte pour lors, surpasse l'esperance.
Mais ce n'est pas assez des desseins que i'ay faits,
Il faut trouuer moyen d'en venir aux effets,

Ie tiens de Belamire, à propos vne Lettre,
Qu'aux mains de son Amant ie doy tantôt remettre;
Comme elle est sans dessus, ie puis facilement.. ..
Mais joüons nôtre Rôle, & plaignons Arimant.

## SCENE VI.

### ARIMANT, IACINTE.

IACINTE *feignant de ne le pas voir.*

Qvi l'auroit pû préuoir!

ARIMANT.

Mais qu'as-tu donc, Iacinte?
Répons-moy.

IACINTE.

La douleur dont mon Ame est atteinte
Ne sçauroit s'exprimer.... Ciel! quelle lâcheté!
Faire pour le Marquis cette infidélité!
Quoy, trahir Arimant!

ARIMANT.

Hé! quoy donc, Belamire.....

IACINTE.

I'auois bien résolu de n'en iamais rien dire,

Mais vous m'auez surprise.

ARIMANT.

Helas! i'aurois juré
Qu'elle eût eu du mépris pour cet Euaporé,
Dont tout le Marquisat n'est rien qu'vne Chimére,
Vn Songe déceuant, vn Titre imaginaire;
Et quoy que mon Parent, i'auoüeray qu'aujou-d'huy
L'on void fort peu de Gens qui soiét plus fous que luy.
Cependant, il sçait l'Art de diuertir mon Pére,
Et comme il a trouué le secret de luy plaire,
Le bon Homme qui sçait qu'il n'a pas trop de Bien,
Pour en rire souuent, ne luy refuse rien.
Il s'est mis depuis peu le bel air dans la teste.

IACINTE.

Ie croy que c'est par là qu'il a fait la conqueste
Du Cœur de Belamire.

ARIMANT.

Est-il possible hélas!

IACINTE.

L'Eclat, pour le beau Sexe, a de puissans appas;
Et Belamire a crû, du moins ie le présume,
Que l'on luy porteroit la Queuë en grand volume.

ARIMANT.

Quoy, d'elle tout à fait seray-je abandonné?

IACINTE

Voila pour le Marquis ce qu'elle m'a donné.

BILLET DE BELAMIRE.

*Ie croyois occuper vne place en vostre ame;*
*Mais qui peut bien passer vn jour*
*Sans voir l'objet de son amour,*
*Montre trop qu'il a peu de flame.*
*C'est assez vous faire sçauoir*
*Que ie desire de vous voir,*
*Et ce que peut l'Amour dans le Cœur d'vne Femme.*

IACINTE *à Arimant.*

Donnez.

ARIMANT.

Quoy, te la rendre!

IACINTE.

Ah! gardez d'en parler:
Hé quoy, voudriez-vous bien me faire quereller?
Si iamais Belamire en auoit quelque indice,
Ie n'aurois plus de lieu de vous rendre seruice.

ARIMANT *luy jettant la Lettre.*

Dy luy que desormais ie ne veux plus la voir,
Que ses yeux sur mon cœur n'ont plus aucun pouuoir,
Que ie la veux haïr, puis qu'elle est infidelle,
Et que ie ne veux plus entendre parler d'elle.

Oüy,

Oüy, dy luy que... Mais quoy! mõ cœur n'y cõsent pas.
Non.... Va, dy luy pourtant....

IACINTE.

Quoy?

ARIMANT.

Ie l'ignore helas!
Dépeint luy mon dépit, mon amour, & ma haine,
Parle luy de mon feu, parle luy de ma peine,
Dy luy qu'elle est encor dedans mon souuenir,
Fay luy bien voir sa faute, & la fay reuenir;
Dy luy que ie l'adore, & que ie luy pardonne.
Quoy, donc, luy pardonner lorsqu'elle m'abandonne!

IACINTE.

Ah! vous l'aimez encor, & ce trouble d'esprit....

ARIMANT.

L'Amour ne peut régner auec tant de dépit.
Quoy, l'Ingrate, au mépris de ma perséuerance,
Apres m'auoir promis dés sa plus tendre enfance,
De ne changer iamais, & de n'être qu'à moy,
Cesse enfin de m'aimer, & me manque de foy!
Mõtre à tous, que son cœur est rẽply d'autres flâmes,
Et ne peut être exempt des foiblesses des Femmes.

IACINTE.

Sçauez-vous ce qui peut la faire reuenir?

ARIMANT.

Non.

IACINTE.

Ie pourray demain vous en entretenir.
Adieu, ie suis pressée.

ARIMANT.

Encor vn mot, de grace,
Dy moy, si tu le sçais, ce qu'il faut que ie fasse?

IACINTE.

En feignant que sa Mére a sçeu vous enflámer,
Et que vôtre dessein est enfin de l'aimer,
Vous jetterez bientôt le trouble dans son Ame,
Et la ferez songer à sa premiere flâme.

ARIMANT.

Pour luy faire dépit, ie croy que dés ce jour,
Ie pourrois bien passer de la Feinte à l'Amour.

IACINTE.

Ce seroit vn peu trop, gardez vous de le faire,
On reuient à l'Amour, en quittant la Colére.

ARIMANT.

L'Ingrate! qui l'eût crû?

IACINTE.

J'ay dit la vérité:
Mais pour conétre mieux son infidélité,
Chez elle, tous les jours, ayez soin de vous rendre,
Auecque le Marquis, vous la pourrez surprendre.
Il vient, vous perdrez tout, si vous vous découurez;
Quand vous aurez tout vû, pour lors vous parlerez.

## SCENE VII.

ARIMANT, LE MARQVIS.

LE MARQVIS.

HE' bonjour, donc, Cousin.

ARIMANT.

Pourquoy ces réuerences?
Quand vous deferez vous de vos impertinences?
Tant de contorsions, de signes, & de cris,
Font de cinquante pas, reconétre vn Marquis.

LE MARQVIS *luy prenant la main.*

La Ioye, en te voyant, tellement me transporte.....

ARIMANT.

Vous me romprez la main, en serrant de la sorte.

LE MARQVIS.

Que ie t'embrasse donc.

ARIMANT.

Ah! tout beau, c'est assez.

LE MARQVIS.

Soufre qu'encor vn coup....

ARIMANT.

Cousin, vous me blessez,
Ce rude embrassement trop fortement m'oblige;
Ie suis estropié, vous m'étouffez, vous dy-je.

LE MARQVIS.

Ie ne te puis par là faire voir la moitié.....

ARIMANT.

On peut plus sagement exprimer l'amitié.
Ces saluts du bel air, sentent trop les gourmades,
Vous étoufez les Gens auec vos embrassades.
Quand vous déferez-vous de toutes ces façons?

LE MARQVIS.

A moy, Cousin, à moy, me faire des Leçons!
Tu veux railler, ie croy.

ARIMANT.

C'est vn auis sincére;
Comme vôtre Parent, ie ne me sçaurois taire.

LE MARQVIS.

Tu ne conois pas bien les Gens de qualité,
Quand tu crois que leur air n'a rien que d'éuenté.
La liberté du Corps, loin d'étre au rang des vices,
Fait voir que l'on sçait bien faire ses exercices,
Et rien ne charme plus qu'vn Homme bien dispos.

ARIMANT.

Mais pourquoy se voûter, & faire le gros dos?

LE MARQVIS.

Cette habitude là se prend aupres des Dames,
Lors que l'on veut surprēdre vne place en leurs Ames,
Et qu'on leur parle bas, pour faire des Ialoux.

ARIMANT.

Ie le croy, mais adieu.

LE MARQVIS.

Cousin, que faites-vous?
Sçachez que vôtre Pére est auec Belamire,
Et depuis ce matin, on a dû vous le dire.
Ie doy l'y venir prendre, & ie vais l'y trouuer.

ARIMANT.

Son inhumanité me fait icy resver.
Vous sçauez qu'au retour d'vn funeste Voyage,
On me vint rapporter qu'il auoit fait naufrage,
Vous me vistes alors, & vous n'ignorez pas
Auec quel déplaisir i'appris ce faux Trépas.
Cependant, vous sçauez qu'vsant de violence,
Depuis ce grand retour, il régle ma dépence,
Et prétend m'obliger d'étoufer vne ardeur
Que par son ordre exprés, i'ay fait naître en mõ cœur.

LE MARQVIS.

Il voudroit t'empécher d'adorer Belamire.

ARIMANT.

Il ne me veut plus voir viure sous son Empire,
Et dit que ie pourray rencontrer aisément
Vn plus illustre Objet, plus riche, & plus charmant.

LE MARQVIS.

Il est vray, tu déurois quiter cette Coquette.

ARIMANT *à part.*

Oüy bien pour satisfaire à ta flâme secrete,
Lâche.

LE MARQVIS.

Que dis-tu là?

ARIMANT.

Que méme contre Toy,
Ie la disputerois, qu'elle a receu ma foy.

LE MARQVIS.

Si son Pére auoit pû se tirer du naufrage,
Déja, depuis long temps, tu serois en ménage.
Le tien à soixante ans, fut plus adroit que luy.

ARIMANT.

Quand i'y songe, ie sens redoubler mon ennuy.

LE MARQVIS.

La Mére craint de voir marier Belamire.
Mais vôtre Pére vient.

ARIMANT.

Et moy ie me retire,
Et vous laisse auec luy.

LE MARQVIS.

Vous ne ferez pas mal.
Il ne sçait pas qu'il a son Pére pour Riual.

## SCENE VIII.

### LE MARQVIS, GERONTE.

LE MARQVIS.

Vous auez à loisir, conté vôtre martyre.

GERONTE.

Déja, depuis long temps, i'ay quité Belamire,
Et i'ay, voulant t'attendre, été chez Clidamis,
Qui loge, tu le sçais, en ce méme Logis.

LE MARQVIS.

Vous auez tantôt fait vôtre Cour à merueille.

GERONTE.

Belamire, il est vray, n'eût iamais de pareille.
Comme Amy du Logis, par vn heureux Destin,
On m'a laissé chez elle, entrer dés le matin:
Elle sortoit du Lit, & se chaussoit encore,
Et i'ay vû des Beautez dignes qu'on les adore.
Ie n'y sçaurois songer qu'auec mille transports,
Son habit laissoit voir la forme de son Corps,
Car rien ne le couuroit qu'vne Iupe légere,
Comme au sortir du Lit, elle en met d'ordinaire.

C'est alors qu'en mon Cœur, imprimant ses Appas,
Mon œil se figuroit ce qu'il ne voyoit pas.
I'ay moins senty de feu, pendant tout mon jeune âge,
Car ie le sentois lors, monter sur mon Visage;
Et dans la forte ardeur de mes désirs brûlans,
Ie sentois que mes yeux étoient étincelans,
Et répandoient vn feu qui luy faisoit conétre,
Que de ma passion ie n'étois plus le Maître:
Et cependant qu'ainsi ie me sentois brûler,
Quand ie ne disois mot, ie croyois luy parler.
I'auois lors des plaisirs mélez de douces peines,
Ie sentois tout mon sang boüillir dedans mes veines,
Ie sentois ce qu'on sent lors que l'on ne sent rien,
Ou que pour trop sentir, on ne se sent pas bien.

LE MARQVIS.

Peste! tous ces transports marquoiẽt peu de vieillesse!

GERONTE.

Aussi ie sens encor vn reste de Ieunesse,
Mais si fort, que sans cesse, il trouble mon repos.

LE MARQVIS.

Vous auez de l'ardeur jusques au fonds des os.

GERONTE.

Ce n'est pas tout encor, cette Beauté parfaite,
Vn peu de temps apres, s'est mise à la Toilette;
Tant qu'elle s'est tenuë assise à son Miroir,
I'ay goûté doublement, le plaisir de la voir;

I'en voyois deux pour vne, & sa Glace fidelle
M'en présentoit encor vne Image si belle,
Que ie suis assûré qu'elle ne sçauroit voir
Vn Objet aussi beau, que dedans son Miroir.
En suite, elle a défait, pour croître mon martyre,
Ses beaux & blons cheueux que tout le mōde admire:
La Nature iamais n'en a fait de si lons,
Puis qu'on les void tomber jusques à ses talons.
Pendant qu'on les peignoit prenāt bien mes mesures,
J'en ay, sans étre vû, ramassé ces peignures.

*Il les tire d'vn papier qu'il a dans sa poche, & les baise.*

Que voila qui contente vn Cœur bien amoureux!
Souuent, lors qu'elle auoit sa main à ses cheueux,
I'ay vû jusques au coude, vn Bras incomparable.

LE MARQVIS.

Sans l'autre, ce beau Bras n'auroit point de semblable.

GERONTE.

I'en admirois le tour, quand, contre son dessein,
Vn' Epingle, en tombant m'a fait voir son beau Sein.
Ie n'en sçaurois parler, qu'aussi tôt dans mon Ame,
Ce penser qui me plaît, ne réueille ma flâme.
Dés qu'on le void parétre, on est tout hors de soy,
On eût dit qu'il vouloit soûpirer auec moy,
Et qu'il prenoit pitié de mon secret martyre.
Ah! qu'il est doux de voir vn beau Sein qu'il soûpire!
Vn doux saisissement, vn frisson plein d'ardeur,
A cette veuë, a mis le trouble dans mon cœur;
Ie suis resté sans force, & mesme sans parole:
Mais ce qui fait qu'à peine encor ie me console,

Est qu'en l'admirant trop, ie suis à ses genoux,
Tombé tout interdit, sans vigueur, & sans pouls.
Mais comme elle ignoroit d'où venoit ma féblesse,
Elle a sceu l'imputer d'abord à ma vieillesse,
Et cependant c'étoit d'vn grand excés d'amour.

LE MARQVIS.

Vous auez dû par là, faire bien vôtre Cour.

GERONTE.

Ie n'ay pû luy parler du Feu qui me déuore,
Ie tremblois, en voyant cet Objet que i'adore,
Et l'Amour m'imposant de trop seuéres Loix,
I'ay commis à mes yeux, l'office de ma voix.
Mais comme tu peux voir cete adorable Belle,
Et qu'elle aime à te voir venir souuent chez elle,
Pour dire qu'elle void les Gens de qualité,
Car tu sçais que le Sexe a cette vanité,
Découure adrétement les Secrets de son Ame;
Ecoute si mon Fils parle encor de sa flâme,
Car tu sçais, entre nous, l'ordre qu'il a de moy,
Et tu sçais méme enfin, qu'il ignore pourquoy.

LE MARQVIS.

Sçauez-vous qu'à moi-méme il est venu s'en plaindre?

GERONTE.

Voy, si ie n'aurois point d'autre Riual à craindre;
Et croy que si ie viens à bout de mes souhaits,
Toûjours du Marquisat i'entretiendray les frais.

LE MARQVIS.

Ie vous pourray dans peu donner quelque lumiere,
Et ie vous seruiray de la belle maniere;
I'écarteray tous ceux qui voudront luy parler,
Tout le Monde fait jour aux Galants du bel air.

*Fin du Premier Acte.*

# ACTE II.

## SCENE PREMIERE.

### LVCINDE, IACINTE.

LVCINDE.

IE connois que Iacinte est Fille de parole.

IACINTE.

D'vn Mary trépassé, le futur vous console:
Mais ne craignez-vous point qu'il ne reuienne?

LVCINDE,

Helas!
Ie croy qu'il est bien mort.

IACINTE.

Oüy, s'il n'en reuient pas:
Mais on reuient souuent, d'vn aussi long Voyage;
On peut ressusciter, quand on a fait naufrage,

Quoy qu'vn Homme ait esté blessé mortellement;
Et qu'vn Amy l'ait vû porter au Monument,
Il en reuient encor, & souuent dans l'Histoire
On voit des incidens moins faciles à croire.

LVCINDE.

Quand il mourut, Géronte étoit auecque luy:
Mais ne m'en parle plus, car ie mourrois d'ennuy.

IACINTE.

Parlons, donc, d'Arimant, peut-estre que vótre Ame...
Mais qu'auez-vous encor? Vous soûpirez, Madame;
Gardez que le chagrin ne ternisse vos yeux;
Qui prend vn Mary neuf, doit oublier le vieux,
Puis qu'en se mariant, on promet....

LVCINDE.

Ah! Iacinte,
La douleur dont ie sens que mon Ame est atteinte,
Est de ne pouuoir pas oublier Arimant:
Quand le défunt mourut, ie crûs absolument,
Que pour d'autre iamais, ie n'aurois le cœur tendre;
Cependant, Arimant me force de me rendre.

IACINTE.

Ne songez qu'aux viuans, laissez les morts en paix.
Quand i'examine bien, tant d'aimables attrais,
Et que ie jette l'œil dessus vótre Visage,
Ie voy que vous pouuez songer au Mariage.

LVCINDE.

Ma Fille est aussi jeune, & plus belle que moy.

IACINTE.

Eh!

LVCINDE.

L'on n'en peut douter.

IACINTE.

Il est vray, ie le croy.
Faut-il que la Nature ait des Loix si seuéres,
Et que les Filles soient plus jeunes que les Méres,
Lors que les Méres sont aussi belles que Vous?
C'est vn cruel abus, & i'en suis en couroux:
Car enfin si le Sort vouloit que Belamire
Ne fût point vôtre Fille, on pourroit fort bien dire,
Que vous étes plus jeune, & vos brillans Appas,
Persuaderoient bien qu'on ne se trompe pas.
Allez, consolez-vous, vous étes au bel âge,
Vne Mére a toûjours plus d'esprit en partage;
Cela console assez, d'vne douzaine d'ans.
Vôtre Fille est encore au nombre des Enfans,
Et vous auez enfin l'auantage sur elle,
D'être auec vôtre esprit, plus formée & plus belle.
Que vous auez d'éclat! que vos charmes sont doux!
Ie suis, ma foy, Madame, amoureuse de Vous.
Que vos Mouches sont bien! que vous étes bien mise!
Qui pourroit pres de Vous, conseruer sa franchise?
Que vos yeux sont brillans! que vôtre teint est clair!
Outre tous vos appas, vous auez le bon air,

Vous charmez tout le Monde, & iamais Belamire
Ne verra tant que Vous, de Cœurs ſous ſon Empire.

LVCINDE.

Elle eſt, toutesfois, belle.

IACINTE.

Et vous l'étes auſſy.

LVCINDE.

Mon âge, plus que tout, me donne du ſoucy.
Pour le perſuader, quelque effort que ie tente,
Auoüant mes trente ans, on en croira quarante.
Mais ie vois Arimant.

IACINTE.

La Dupe eſt-elle à nous?
Il vient vous aſſûrer, qu'il n'adore que Vous.

# SCENE II.

## LVCINDE, ARIMANT, IACINTE.

### ARIMANT.

MAdame, ie ſçay bien que ie vay vous ſurprendre;
Mais quand l'Amour cõmande, on ne s'en peut defendre;
Qui choiſit bien le temps, pour découurir ſon feu,
Fait ordinairement ſçauoir qu'il en a peu;
Le trouble ſiéd bien mieux quãd l'amour eſt extréme,
Et trop de jugement, ne prouue pas qu'on aime;
Cõme pour Vous mon cœur brûle depuis lõg-temps,
On ne me doit pas mettre au rang des Inconſtans.
Auant qu'on m'eût iamais parlé de Belamire,
Ie vous aimois, Madame, & n'oſois vous le dire,
Ie ſçay que cette Belle a des charmes bien doux;
Mais ils paroiſſent peu, quand elle eſt pres de Vous.

### LVCINDE.

Ma Fille n'eſt pas laide, & chacun le confeſſe,
Mais cet éclat luy vient de ſa grande jeuneſſe,
Et tout le Monde dit, qu'on n'a veu de long temps,
Vne Mére ſi jeune, & de ſi grands Enfans.
Ie n'auois pas quinze ans, lors de mon Hymenée,
Et ie la mis au jour dés la premiere année:
Elle a crû depuis peu, mais furieuſement,
Et ie n'y puis penſer qu'auec étonnement.

ARIMANT.

Et la Mere, & la Fille, ont d'inuincibles charmes,
Et l'on ne peut les voir, sans leur rendre les armes;
Vos yeux, auec les siens, disputent de douceur,
Et ie voy qu'on la prend toûjours pour vôtre Sœur.

LVCINDE.

Bien d'autres, tous les jours, disent la méme chose,
Et font, sans y penser, cette metamorphose:
Mais ie croy n'auoir pas encor si peu d'esprit,
Que....

ARIMANT.

Toûjours là-dessus, croyez ce qu'on vous dit;
Cela n'est pas nouueau, dans beaucoup de Familles,
Les Méres sont souuent plus belles que les Filles:
Et pour moy, quand ie voy vos attrais surprenans,
Ie croy ne voir en Vous, qu'vn Objet de quinze ans.

LVCINDE.

Vous me faites rougir auec cette loüange.

IACINTE *à part.*

Qu'il sçait bien luy grater l'endroit qui luy demange!

ARIMANT.

Quand de vos yeux. Madame, on a senty les coups,
On peut auec raison, parler ainsi de Vous;

Et voulant vous aimer d'vne ardeur eternelle,
Vous êtes à mes yeux, auſſi jeune que belle.

IACINTE *à part.*

Voyez qu'il eſt adroit, de dire tout cela,
Et comme il la fait rire, en la prenant par là!

ARIMANT.

On voit dedans vos yeux vn certain feu qui brille,
Qu'on ne ſçauroit trouuer dans ceux de vôtre Fille;
Et vous auez, Madame, outre tous vos Appas,
Vn certain air du monde, encor, qu'elle n'a pas.

LVCINDE.

Ne me déguiſez rien, vous aimez Belamire,
Voſtre cœur a long temps reconu ſon empire:
Mais voyant, aujourd'huy, ſon infidélité,
Il a crû qu'il deuoit pencher de mon coſté.
Ie ne le puis nier, ſa lâcheté m'irrite,
Et ie n'eſtimerois pas moins vôtre merite,
Quand ſes yeux vous auroient fait ſentir leur pouuoir,
Comme elle a la premiere oublié ſon deuoir,
Vous pouuez la quitter, ſans montrer d'inconſtance.

ARIMANT.

Ie veux bien l'auoüer, ie l'aimay dés l'enfance.
Cependant, vous voyez comme je ſuis traité
De cette impétueuſe & volage Beauté:
Non, ie n'euſſe iamais pû le ſoupçonner d'elle.
O Ciel! qui l'eût pensé! Belamire infidelle!

Belamire sans cœur, & sans amour pour moy!
Belamire perfide, inconstante, & sans foy!

LVCINDE.

Si vous la nommez tant, vous ferez bientost croire....

IACINTE.

Ah! c'est pour la chasser plûtost de ma mémoire;
Mon cœur plein de dépit, cesse de l'adorer,
Et ie sens que l'Amour n'y sçauroit plus rentrer.
Est-il rien de plus noir que sa lâche inconstance?
Elle m'auoit promis, dés sa plus tendre enfance,
D'étre toûjours fidelle, & de perdre le jour,
Plûtost que d'étoufer vne si forte amour.
Cependant, aujourd'huy, la méme Belamire....
Madame, obligez moy de ne m'en plus rien dire.

LVCINDE.

Mais vous n'y songez pas, c'est vous qui m'en parlez.

IACINTE *à part.*

L'Amour, assez souuent, rend les Amans troublez.

ARIMANT.

Comme elle me promit icy d'étre fidelle,
Tout m'en fait souuenir, & tout me parle d'elle:
Mais voulant oublier vn Objet si leger,
Ie déurois fuir ces lieux, pour n'y iamais songer.

LVCINDE.

Ah! vous l'aimez encor, & vous n'osez le dire.

## SCENE III.

### LVCINDE, ARIMANT, BELAMIRE, IACINTE.

BELAMIRE *d'vn peu loin.*

MAis ie vois Arimant.

ARIMANT.

J'apperçoy Belamire.

*Sa Mere luy fait signe de rentrer, & elle se retire.*

*Il l'arreste.*

Quoy, faut-il, pour me fuir, abandonner ce lieu?
Sçauez-vous que mon cœur brûle d'vn autre feu?

BELAMIRE.

Ie dois vous excuser, si l'Objet est aimable.

ARIMANT.

Que malgré mon dépit, ie vous trouue adorable!

LVCINDE *à Belamire, par derriere Arimant.*

Sortez donc.

ARIMANT.

Ah! souffrez qu'elle demeure icy.

LVCINDE.

Puis que vous le vouiez, ie le veux bien aussy.

BELAMIRE.

Ie ne sçaurois vous voir, & ie sens que mon Ame....

ARIMANT.

Quoy que vous ayez fait, ne craignez rien, Madame.
Quand malgré le mépris qu'il doit auoir pour Vous,
Mon cœur sent encor plus d'amour, que de courroux,
La dois-je ainsi traiter, à cause qu'elle est belle?
*En se tournant vers Lucinde.*
Non, ie veux vous aimer d'vne ardeur eternelle,
*En se retournant peu à peu, vers Belamire.*
Ie l'ay juré, Madame, & toutefois helas!
Que malgré mon dépit, ie luy trouue d'Appas!

LVCINDE.

Lorsque vous me parlez, vous pensez à ma Fille,

ARIMANT.

Mon cœur veut demeurer dedans vôtre Famille.

*Il dit les six Vers suiuans en se retournant toûjours deuers l'vne, & deuers l'autre.*

En quittant Belamire, il vole deuers Vous;
Ie trouue vos Appas plus charmans & plus doux;
De vôtre Esprit diuin, la beauté me desarme,
Et la douceur m'en plaît, me rauit, & me charme;
Et ie dois auoüer que i'aime beaucoup mieux....

*Deuers Belamire.*

Mais faut-il que toûjours ie rencontre ses yeux?

LVCINDE.

Entrons dedans ma Chambre.

ARIMANT *à Belamire.*

Entrons. Adieu, Madame.

## SCENE IV.

BELAMIRE, IACINTE.

BELAMIRE.

C'En est fait, le dépit s'empare de mon Ame:
Tantost à tes discours i'adjoûtois peu de foy;
Mais ie dois à present, croire ce que ie voy.

IACINTE.

Quoy, vous me soupçonniez! I'auois tort de vous dire
Qu'il a pris vôtre Lettre, & qu'aprés, sans la lire,

Il l'a mise en morceaux, mais auec vn transport
Qui me montroit assez que son amour est mort.
I'ay crû que vostre nom resveilleroit, peut-être,
Le feu que dans son cœur, vous sçeûtes faire naître,
Et ie l'ay repeté cinq, ou six fois....

BELAMIRE.

Hé bien,
Que t'a-t'il dit alors?

IACINTE.

Vous le sçauez.

BELAMIRE.

Quoy?

IACINTE.

Rien.
Mais ce qui vous déuroit affliger dauantage,
Est de voir que sur Vous, il a quelque auantage:
Car enfin vôtre Lettre....

BELAMIRE.

Ah! c'est mon déplaisir.
Le mal est sans remede.

IACINTE.

Il en est à choisir.
Elle étoit sans dessus, & vous pouuez luy dire
Que ce n'est pas à luy que vous vouliez écrire,
Et luy nommer quelqu'vn....

BELAMIRE.

Mais qui?

IACINTE.

Qui vous voudrez.

BELAMIRE.

Mais encore.

IACINTE.

Cherchez, & vous en trouuerez.

BELAMIRE.

Ie ne puis.

IACINTE.

Quoy, de rien paroistre embarrassée!
Nommez luy le Marquis.

BELAMIRE.

I'en auois la pensée.

IACINTE.

Que de le bien punir, c'est là le vray moyen!
On dit déja qu'ensemble, ils ne sont pas trop bien,
Et qu'ils se veulent battre.

BELAMIRE.

Hé bien, donc qu'ils se batent;
Ne m'en parle iamais, que leurs haines éclatent,
I'apprendray, d'Arimant, la mort auec plaisir,
Elle ne peut trop tôt contenter mon desir,
Et ie dois d'autant plus blâmer son inconstance,
Que nous auions tous deux aimé dés nôtre enfance,
Et que presque aussitôt que nous vîmes le jour,
L'vn pour l'autre, nos cœurs sentirent de l'amour.
Nous sçeûmes le goûter, auant que le conêtre,
Nous ne sçauions pas bien ce que ce pouuoit être;
Il ne commença point d'abord par des soûpirs,
Il nous fit, sans chagrin, goûter ses doux plaisirs;
Et nos cœurs qui prenoient du plaisir à le suiure,
Sembloient plûtot formez pour aimer, que pour viure.

Ce fut luy qui prit soin de former nôtre esprit,
On est bientôt sçauant, quand l'Amour nous instruit.
Dés nos plus jeunes ans, nous fûmes raisonables,
Il nous fit mépriser les jeux de nos semblables;
Nos plus grãds soins étoiẽt, de nous plaire tous deux,
De paroître toûjours constamment amoureux;
Au plaisir de nous voir, nous bornions nôtre enuie,
Le plaisir nous sembloit le plus doux de la vie,
Et ie croyois alors, qu'on ne voyoit le jour,
Que pour goûter en paix, les douceurs de l'Amour;
Et mon cœur ayant pris cette douce habitude,
Ne croyoit pas qu'on pût y trouuer rien de rude.

IACINTE.

Que ce discours touchant, cause en moy de pitié!
Ie prens part à vos maux, & i'en sens la moitié.
Ie ne sçaurois pourtant m'empescher de vous dire,
Quand méme ie deurois vous apprester à rire,
Que ie croy que Géronte a pour vous de l'amour:
Mais souuent le Marquis vient faire icy sa Cour!

## SCENE V.

BELAMIRE, LE MARQVIS IACINTE.

IACINTE.

QVoy, sans vôtre Habit neuf?

LE MARQVIS.

Sçauez-vous son histoire?

BELAMIRE.

Non.

IACINTE.

Vous n'en auiez point, vous le faisiez acroire.

LE MARQVIS.

Comme il faut à la Cour étre fort ajusté,
Et que les Courtisans ont cette vanité,
Ie veux vous auoüer, sans faire le modeste,
Que i'eus dernierement, le desir d'étre leste,
Et que souhaitant fort me tirer du commun,
Faisant faire vn Habit, i'en voulus auoir vn
De qui l'étoffe fût aussi riche que belle:
Mais ie voulus sur tout, qu'elle fut bien nouuelle;
Et ie souhaitois fort, s'il faut dire pourquoy,
Qu'aucun autre à la Cour, ne fût mieux mis que moy.
Mon Tailleur me promit vne étoffe admirable,
Et me iura qu'aucun n'en auroit de semblable.
Pour me le faire croire, il fit cent iuremens;
Et moy, de bonne foy, ie crûs à ses sermens.
Cinq, ou six iours apres, il me tint sa promesse,
Et ie ne le pûs voir, sans beaucoup d'allegresse;
Car à vous dire vray, ie trouuay cet Habit
Encor cent fois plus beau qu'il ne me l'auoit dit.
Ie m'habillay d'abord, & ie fus droit au Louure:
Là, si-tôt que de loin vn chacun me découure,
On vient pour m'admirer; & sans étre étonné,
Ie me vis de cent Gens d'abord enuironné;
Mon Habit les surprend, les rauit, les étonne.
Enfin, pendant vne heure, il ne passe personne,
De qui cet Habit neuf ne reçoiue vn bonjour,
Et chaque Courtisan luy vient faire sa Cour.

L'vn me prend d'vn côté, puis vn autre me tire,
Et me dit, qu'à loisir, il faut bien qu'il m'admire.
Ie voyois de cent pas, venir des Curieux,
Qui du bout de la Cour, me deuoroient des yeux;
L'vn me prend ma Casaque, & puis vn autre ensuite,
Me la tire à son tour, quand celuy-là me quitte.
Ie voyois des Ialoux admirer froidement,
D'autres me regarder auec étonnement;
D'autres crioient tout haut, que cette étofe est belle!
On n'en voit point encor, elle est toute nouuelle;
Tout est bien entendu, voyez qu'il a d'esprit!
En sçauroit-on douter, en voyant son Habit?
Enfin, de cet Habit, l'heureuse destinée
Fit qu'on parla de luy toute la matinée;
Le bruit s'en répandit dans chaque Apartement,
Et chacun s'entretint de mon ajustement.
I'en sentois vn plaisir, qu'on ne peut bien décrire.

BELAMIRE.

Ce n'est pas d'aujourd'huy, que chacun vous admire.

LE MARQVIS.

Il est vray que chacun cajola mon habit;
Mais vous allez sçauoir ce qui me fit dépit.

BELAMIRE.

Vous n'en pûtes auoir, si i'en croy l'apparence.

LE MARQVIS.

Ie me vantois déja, qu'on ne pouuoit en France

Trouuer aucun Habit qui ressemblât au mien:
Et pour vous faire voir que ie le croyois bien,
I'étois prest de gager, alors que pour ma honte,
Auec vn tout pareil, ie vis entrer Oronte.

IACINTE *à part, à Belamire.*

I'entens venir quelqu'vn, c'est sans doute, Arimant.

BELAMIRE.

Ils se battront icy, cache le promptement;
Quoy qu'ils me touchẽt peu, ie crains trop le scãdale.

IACINTE *au Marquis.*

Fourez-vous là-dedans.

LE MARQVIS.

Mais....

IACINTE.

Mais que l'on détale.

BELAMIRE.

Entrez, pour m'obliger, ie vais auecque vous,
Car ie ne sçaurois voir Arimant sans courroux.

## SCENE VI.

### ARIMANT, IACINTE.

**ARIMANT** *sortant de la Chambre de Lucinde.*

IL le faut auoüer, Lucinde est adorable,
On trouue en son Esprit, vn charme inéuitable:
Mais pour te dire tout, ie sens dedans mon cœur,
Encor pour Belamire, vne trop forte ardeur.
Quand on s'est vne fois laissé charmer sans peine,
Ce n'est pas tout d'vn coup que l'on passe à la haine;
Et ie crois, en songeant qu'elle a pû me charmer,
Que qui peut bien haïr, n'a pû sçauoir aimer.
I'y tâche en vain, & sens que cet effort est rude,
Que qui sçait bien aimer, n'en perd point l'habitude,
Et que tout le dépit d'vn cœur qui s'y resout,
Demeure au bruit qu'il fait, & n'en vient point à bout.
La haine, & le dépit, n'ont rien qui se ressemble,
Bien qu'on croye souuent, qu'ils s'accordẽt ensemble;
Le dernier ne fait rien iamais de ce qu'il dit,
Et souuent l'Amour parle auecque le dépit:
Mais auant que sortir, ie veux voir cette Ingrate,
Et deuant elle il faut que ma colere éclate.

**IACINTE** *se mettant deuant la porte, & faisant malicieusement les signes qu'il faut pour faire connêtre qu'elle ne veut pas qu'Arimant regarde dans la Chambre.*

Elle est dedans sa Chambre, & l'on ne la peut voir.

ARIMANT.

Quoy?

IACINTE.

L'on ne peut, vous dis-je ...

ARIMANT.

Au moins fais-moy sçauoir
Qui peut l'en empescher.

IACINTE.

C'est qu'elle veut écrire.

ARIMANT.

Elle est en compagnie, & tu n'oses le dire:
Mais par ton action, ie connois aisément ...

IACINTE.

Ie voy que vous allez faire vn faux jugement.

ARIMANT.

Le Marquis l'entretient, il est trop veritable.

IACINTE.

Et quand cela seroit, vn Homme raisonable
Qui se pique d'agir auec discretion,
Déuroit fermer les yeux, malgré sa passion,
Et ne pas témoigner, qu'il a bien sceu conétre,
Ce qu'on n'a pas dessein de luy faire parétre.

ARIMANT.

Ce discours est adroit, Iacinte, & ie l'entens,

IACINTE.

Si vous m'entendez bien, c'est ce que ie prétens.

ARIMANT.

Elle vient, & ie dois quereller l'infidelle:
Mais quoy! mon dépit cesse, en la voyant si belle.

## SCENE VII.

### ARIMANT, BELAMIRE, IACINTE.

BELAMIRE *en approchant de la porte de la Chambre de sa Mére.*

SA presence m'aigrit, & ie dois l'éuiter.

ARIMANT.

Auant que de sortir, ie déurois l'écouter.

BELAMIRE *en reuenant peu à peu.*

Mais auant que d'entrer, écoutons ce volage.

IACINTE *à Belamire.*

Quoy, vous manquez de cœur?

IACINTE *à Arimant.*

Vous manquez de courage?

ARIMANT *à Iacinte.*

Croy que c'est malgré moy.

BELAMIRE *à Iacinte.*

Mon cœur n'y consent pas.

ARIMANT *à Iacinte.*

Que vous a t'elle dit?

BELAMIRE *à Iacinte.*

Que disoit-il tout bas?

ARIMANT.

Madame, i'ose encor, vous faire vne priére,
Que i'espere de vous obtenir toute entiére.
Ayant icy reçeu des traitemens si doux,
Mon cœur n'a pas osé sortir hors de chez Vous;
Et vôtre Mére étant, & jeune, & veuve, & belle,
Il n'a pû s'empécher de soûpirer pour elle.
Ie croy qu'ayant appris qu'elle a sçeu me rauir,
Pres d'elle, asseurément, vous voudrez me seruir;
Et que vous ne pourrez me nommer infidelle,
Puis qu'enfin ie croiray vous adorer en elle.

BELAMIRE.

C'est bien fait, vous sçauez que i'aime le Marquis,
Et tantôt mon Billet doit vous l'auoir appris:
Et comme vous sçauez qu'il regne dans mon Ame,
Ie vous prie, à mon tour, de seruir nôtre flame;
Il veut de vôtre Pére en obtenir l'aueu,
De grace priez-le de souscrire à son feu.
Vous ne pouuez trouuer cette demande étrange.

IACINTE *à Belamire.*

Que vous auez bien fait, de luy rendre le change!

ARIMANT.

I'y donneray les mains, autant que ie pourray!

BELAMIRE.

Ie parleray pour Vous, & ie vous seruiray.

ARIMANT.

Mais faites le sortir, vous le pouuez, Madame,
Apres m'auoir pour luy, découuert vostre flame.

BELAMIRE.

Et qui donc?

ARIMANT.

Mon Cousin, d'où naît cette rougeur?
Elle ne paroît pas, pour me tirer d'erreur:
Mais elle me fait voir, que vous étes coupable,
Et que ie n'ay rien dit, qui ne soit veritable.

BELAMIRE.

Hé quoy! vous me croyez criminelle à ce poinct!

ARIMANT.

Ie vous rendray mon cœur, s'il ne s'y trouue point:
Mais pour vous mõtrer mieux jusques où va ma flame,
Iurez-moy que iamais il n'a touché vôtre Ame,
Et quand vous me déuriez dire vne fausseté,
Faites-moy croire, au moins, que c'est la verité.

IACINTE *à part*

Ce n'est pas là mon compte, il faut vser d'adresse.

BELAMIRE.

Vous auez, sans sujet, douté de ma tendresse;
Mon cœur n'a jamais pû souffrir que vous d'Amant.

IACINTE *sur le pas de la porte de la Chambre de Lucinde.*

Ste.

LE MARQVIS.

Hé bien.

IACINTE.

Suiuez-moy.

LE MARQVIS.

Mais...

IACINTE.

Venez doucemẽt.

ARIMANT *en arrestant le Marquis.*

Quoy, se pourroit-il bien.... Mais celuy-cy, Madame,
N'a-t'il encor iamais, eu de place en vôtre Ame?
I'aurois eu tort de croire à vôtre repentir.

BELAMIRE *à Iacinte.*

Gardez que dans la Ruë il ne puisse sortir.

ARIMANT.

Voila de vôtre amour, vne preuue assez forte.

BELAMIRE *à Iacinte.*

Il faudroit que là bas on fermât bien la Porte.

*En se retournant deuers Arimant.*

Ingrat, ie laisse encor agir ma passion,
Et i'oublie aisément ma résolution.

LE MARQVIS.

Ie ne puis rien comprendre à toutes ces grimaces.

ARIMANT.

Ne dois-je point encor vous rendre mille graces,
Inconstante, perfide....

## SCENE VIII.

ARIMANT, BELAMIRE, LVCINDE, IACINTE.

LVCINDE.

HE' d'où vient donc, ce bruit?

ARIMANT.

Demandez au Marquis, il en est bien instruit:
Vous le pourriez, encor, sçauoir de Belamire.

IACINTE *à part.*

Tout va bien.

BELAMIRE.

Ie voulois....

ARIMANT.

Ah! gardez de rien dire.
I'ay soin de vôtre honneur, mais adieu pour iamais.

*Au Marquis, en s'en allant.*

Tu t'en repentiras, & ie te le promets.

LE MARQVIS *en s'en allant.*

Moy, Tu sçauras, dans peu, si ie crains ta menace.

## SCENE IX.

LVCINDE, BELAMIRE, IACINTE.

IACINTE.

MAdame, ils se vont battre.

LVCINDE.

Empeschez les, de grace.

IACINTE *en s'en allant.*

N'en apprehendez rien.

LVCINDE.

Suy les, donc, promptement.

BELAMIRE.

Hé quoy, mon cœur, tu crains pour vn perfide Amant.

*Fin du Second Acte.*

# ACTE III.

## SCENE PREMIERE.

### LVCINDE, IACINTE.

LVCINDE *ſortant de ſa Chambre, rencontrant Iacinte.*

QVoy, tu reuiens déja?

IACINTE.

I'ay tout dit à Géronte;
Comme il en a fait faire vne recherche promte,
Et qu'on les a trouuez, il a fait à ſon Fils,
Sans éclairciſſement, embraſſer le Marquis,
Il ſembloit qu'il étoit de nôtre intelligence;
I'en rend graces au Ciel, encore quand i'y penſe:
Mais i'ay bien de la peine à deuiner pourquoy
Il fait croire à ſon Fils, Belamire ſans foy.
Ce ſuccés répond-il, Madame, à vôtre attente?

LVCINDE.

Ie doy, loin de m'en plaindre, en parêtre contente:

Mais s'ils se peuuent voir, tu conéturas vn jour,
Qu'vn dépit éclaircy, r'alume vn fort amour.

IACINTE.

Si vous craignez cela, ie . . . .

LVCINDE.

Ie crain dauantage,
Quand sérieusement ie songe au Mariage,
Et.... Mais tu m'entens bien?

IACINTE.

Quoy?

LVCINDE.

Mon Dieu, les Enfans....

IACINTE.

Ie vous entens, nous font vieillir auant le temps,
Gâtent souuent, la Taille, aféblissent les Charmes,
Et donnent aux Beautez, d'éternelles allarmes:
Mais si vous craignez tant de courir ce hazard,
Il faut absolument faire....

LVCINDE.

Quoy?

IACINTE.

Lit à part.

Vous le pourrez, étant d'assez grande naissance,
Et par là vos Beautez seront en assûrance.
Cela rend les Marys toûjours obeïssans,
Respectueux, soûmis, suppliants, languissans:

Mais si vous ne pouuez en étre la Maîtresse,
Et qu'enfin, vous soyez réduite à la Grossesse,
Au Conuent, de bonne heure, enuoyez vos Enfans,
Et faites ce qu'Iris a fait depuis deux ans.
Sa grande Fille étant dedans vn Monastére,
Voulut reuenir voir & le Monde & sa Mére.
Elle l'en fit sortir, mais sçauez vous comment
Elle fit voir le Monde à cet Objet charmant?
Elle fit promener cette belle Crédule,
Au Cours, en plein Midy, pendant la Canicule,
Pour l'obliger par là, d'en auoir du dégoût.
Elle la tint toûjours, ignorante de tout,
Luy fit voir des Galans brutaux & ridicules,
Fit dedans son Esprit, ietter mille scrupules;
Et du beau Monde, enfin, luy cachant les plaisirs,
Et luy montrant les maux, elle eût d'autres desirs.
Ainsi, fort dégoûtée, elle pria sa Mére
De la vouloir bientôt, remettre au Monastére.
Pour les Garçons, encor qu'ils soiẽt fort beaux Enfans,
Elle ne les void point depuis cinq, ou six ans:
Deux sont dans vn Collége, & deux sont à l'Armée.
Quand ceux-cy furent grands, elle en fut alarmée,
Et ses cruels Attrais la bannirent d'abord,
Croyans qu'au Lit d'Hõneur ils trouueroiẽt la mort.
Elle ne craint pour eux, ny Fiéure, ny Rougeole,
Et ne blâmeroit pas la petite Vérole,
Si par là....

LVCINDE.

C'est assez, Iacinte, ie t'entens.

IACINTE.

I'en sçay qui n'ont iamais, voulu voir leurs Enfans,
Et d'autres qui les font nourrir chez des Parentes,
Qui pour les éleuer, sont assez obligeantes.

LVCINDE.

Laissons là, le Prochain.

IACINTE.

Pour moy, ie le veux bien;
Et puis n'en parler point, car ie n'en sçay plus rien.

LVCINDE.

Ie rentre dans ma Chambre, & n'ay rien à te dire.
Si tu vois Arimant.... Mais i'ay tort de t'instruire,
Tu sçais bien mieux que moy, comment tu dois agir,
Et ie ne sçaurois plus t'en parler, sans rougir.

## SCENE II.

IACINTE *seule*.

PVis que i'ay commencé, l'on peut me laisser faire;
Ie veux à mon honneur, sortir de cette affaire.
De l'amour du Marquis, l'on pourra s'éclaircir:
Mais i'ay d'autres moyens, encor, pour réüssir.
Ie pense que Géronte aime vn peu Belamire,
Ce Vieillard la vient voir, la courtise, l'admire;
C'est assez, quand pour elle, il n'auroit point de feu,
Pour m'aider à joüer encor vn nouueau jeu.
Mais Arimant parêt,

# SCENE III.

## ARIMANT, IACINTE.

### IACINTE.

MA peine est sans seconde;
Pour vous faire enrager, on aime tout le Monde,
L'on cherche à vous déplaire, & l'on prẽd aux cheueux
La moindre occasion qui peut nuire à vos feux.
De l'amour du Marquis, ie ne sçay plus que dire,
Vostre Pere, en secret, adore Belamire.
Et comme il n'ose encor, luy découurir ses feux,
Elle semble courir au deuant de ses voeux.
Par des soûris adroits, elle enhardit sa flâme,
Et fait tout ce que peut faire vne adréte Femme,
Est complaisante en tout, & ie croy que dans peu,
Il doit ouuertement, luy découurir son feu.
Il sera bien reçeu, comme elle a fait conétre,
En médisant tantôt : Arimant croit, peut-étre,
Que si pour le Marquis, mon coeur n'a point d'amour,
I'iray, pour l'appaiser, le recherche vn jour:
Mais cõme il a dessein d'étre vn jour mon Beau-Pére,
Ie veux en méme temps, étre sa Belle-Mére.
Ainsi, i'auray par là, moyen de me venger,
Et n'épargneray rien, pour le faire enrager,
D'vn Vieillard amoureux, ie sçauray gagner l'Ame,
Mais il pourra bien moins sur vne jeune Femme.

### ARIMANT.

A tout vôtre discours, i'ajoûte aisément foy;
Oüy, mon Pére l'adore, il est vray, ie le croy,

Puis que plus de cent fois, il est venu me dire,
Qu'il sçauroit m'empécher d'épouser Belamire;
Qu'il auoit fait dessein de m'engager ailleurs,
Et jettoit l'œil, pour moy, sur des Partis meilleurs.
D'vn si prompt changement, i'ignorois le Mystére.
Si ie n'ay pas la Fille, il faut auoir la Mére.
L'incident du Marquis, a chassé de mon cœur
Les restes languissans de ma premiére ardeur.
Ie n'y veux plus songer, i'ay l'aueu de mon Pére,
Et deuant qu'il soit peu, i'épouseray sa Mére;
Elle est encore jeune, elle a beaucoup d'Appas,
Et puis, pour se venger, que ne feroit-on pas?

IACINTE.

Si Géronte consent à vôtre Mariage,
Il aime Belamire, en faut-il dauantage?

ARIMANT.

Mais ie vois cette ingrate, & volage Beauté,
Ie ne puis la souffrir, apres sa lâcheté.

## SCENE IV.

### ARIMANT, BELAMIRE, IACINTE.

ARIMANT.

VOus pouuez demeurer, ie vous cede la place;
Y rester auec vous, seroit vous faire grace:
Mon cœur, à vôtre exemple, est deuenu leger,
Et de mon premier feu i'ay sçeu me dégager.

Mais bien que vous ayez du pouuoir sur mon Pére,
Vous n'oserez, ie croy, déseruir vôtre Mére;
Et n'empécherez point qu'vn doux Hymen, dans peu,
De Lucinde, & de moy, ne couronne le feu.
Ie ne déguise point, c'est tout de bon, Madame,
Et ie vay, de nouueau, l'assûrer de ma flâme,
Luy dire qu'elle peut choisir l'heure, & le iour,
Qui doit aux yeux de tous, faire voir nôtre amour.

*Il entre en la Chambre de Lucinde.*

## SCENE V.

### BELAMIRE, IACINTE.

IACINTE.

IE conoy par ce trouble, & par vôtre silence,
Que vous l'aimez encor, malgré son inconstance.

BELAMIRE.

Ah! c'est trop me brauer, & lasser mon ardeur,
Ie dois entiérement, le chasser de mon cœur:
Oüy, ie veux qu'aujourd'huy, tout mon amour expire,
Si ie n'en viens à bout du moins ie le desire:
Mais, helas! ce desir, meurt presques en naissant.

IACINTE.

Ie croyois que l'Amour, sur vous, fut moins puissant.

BELAMIRE.

Comme il ſçeut me charmer méme dés mõ Enfance;
Ie ſens que mon amour a tant de violence,
Que malgré moy, mon cœur eſt preſque de retour,
Et qu'il veut repaſſer de la Haine à l'Amour.
Oüy, lors que ie r'appelle en ma triſte penſée,
La violente ardeur de ſa fláme paſſée,
Et les tendres tranſpors dont il ſceut l'exprimer,
Mon cœur conſent à peine, à ne le plus aimer.
Oüy, quād ie ſōge aux ſoins qu'il prenoit de me plaire,
De me bien diuertir, d'éuiter ma colére,
A la peur qu'il auoit de me choquer en rien,
A l'ardeur qu'il montroit d'auoir mon entretien,
A ſes viues douleurs, à ſes ſoins, à ſa plainte,
Lors que du moindre mal, ie reſentois l'atteinte;
Et quand ie ſonge encor, à ſes tendres ſoûpirs;
A ſes profonds reſpects, & que tous ſes deſirs....
Mais dites, ſe peut-il qu'il me ſoit infidelle?

IACINTE.

Ie voudrois qu'il trouuât vôtre Mére moins belle,
Et que l'on pût douter de cette verité.

BELAMIRE.

Faites-moy, donc, bien voir ſon infidelité,
Etoufez dans mon cœur, ma honteuſe tendreſſe,
Donnez m'en de l'horreur, ſecourez ma fébleſſe:
Mais vous deuez, ſur tout, m'empécher de le voir,
Si toutesfois, ſur moy, vous auez ce pouuoir.
Ie ſçay bien que ie puis, en déguiſant ma fláme,
Dire que la fureur régne ſeule en mon Ame,

M'emporter, quereller, & malgré mon amour,
Mettre vne feinte haine, & des mépris au jour;
Mais ie sens bien aussi, que malgré ma colére,
C'est le plus grand effort que mon cœur puisse faire,
Il le voudra du moins, & ie croy qu'il le peut,
Si quand on aime bien, l'on peut tout ce qu'on veut.

IACINTE.

Mais ie voy deuers nous, Géronte qui s'auance.

## SCENE VI.

BELAMIRE, IACINTE, GERONTE.

GERONTE.

MAdame, de mon Fils, vous sçauez l'inconstance;
*I tousse.*
Et ie viens ... hais, hais, hais, pour vous, hais, hais, vous, vous....

IACINTE.

Mais d'où vous vient, Monsieur, cette méchãte toux?

GERONTE.

C'est vne toux d'Amour.

IACINTE.

Vous aimez à vótre âge?

GERONTE.

C'est à mon âge aussi, qu'on aime dauantage,
Et que l'on peut aimer méme plus constamment.

IACINTE.

Et qui, donc, aimez-vous?

GERONTE.

C'est....

IACINTE.

Parlez librement,
La pudeur vous retient, & vous n'osez le dire.

GERONTE.

Ie conoy que mon cœur auprés de Belamire,
Me dit par vn secret & frequent batement,
Que ie dois auoüer que ie suis son Amant.

BELAMIRE.

A vôtre Fils, Monsieur, ie suis déja promise.

IACINTE.

Faire sur sa Maîtresse vne telle entreprise,
Et mettre contre luy, tant de flâmes au jour,
C'est justement commettre vn Inceste en amour.

GERONTE.

Mon Fils est vn Ingrat, vn Láche, vn Infidelle,
Il adore Lucinde, & la trouue plus belle.
*a Belamire.*
Trouuez, pour m'empécher d'entrer dãs le Tombeau,
De vôtre láche Amant, le Pére, aussi plus beau.
Cette belle action vous couurira de gloire.

IACINTE.

N'auoy-je pas bien dit, Madame? Il me faut croire,
Ie sens l'Amour de loin.

GERONTE.

Quoy que d'âge auancé,
Tout ce que i'eus de beau, n'est pas encor passé;
Ie puis bien me vanter d'vn peu de bonne mine,
D'auoir le teint fort frais, & la taille assez fine.
Ie suis gay, vigoureux, & plus plein de santé,
Qu'aucun autre iamais, à mon âge ait été.
Mes yeux vifs, & brillans, parlent de ma tendresse,
Et font voir que iamais, la plus viue jeunesse,
Dans les boüillans transpors de sa plus forte ardeur,
N'a senty plus de feu que i'en ay dans le cœur.
Outre tout mon amour, i'ay l'auantage insigne
De chanter bien encor.

IACINTE.

Chantez-vous comme vn Cygne?
Vous étes aussi blanc.

GERONTE.

Parmy mes blancs cheueux,
On en trouue de bruns : mais l'ardeur de mes feux
Vous déuroit, ce me semble, assez faire conétre,
Que plûtot que les ans, le chagrin les fit naître.
Ie fais encor des Vers, comme en mon jeune temps,
Et i'en ay fait pour vous, de plus beaux qu'à vingt ans.
Ie puis vous dire, enfin, que pour vous, dans mon Ame,
Ie sens vne cruelle, & violente flâme:
Si vous ne l'écoutez, vous me ferez affront,
Puis que ie fais encor, ce que les autres font.

IACINTE.

Ecoutez-le, Madame, afin que cette ruse
Alarme vôtre Amant.

BELAMIRE.

Monsieur, ie suis confuse,
Et ie dois auoüer, que ie ne croyois pas
Que vous pûssiez aimer de si fébles Appas.
Mais ie voy vôtre Fils qui vient auec ma Mére,
Ie sens que sa présence excite ma colére;
Et vous pouuez, enfin, commencer, aujourd'huy,
A me parler d'amour, & méme deuant luy.

# SCENE VII.

## GERONTE, BELAMIRE, LVCINDE, ARIMANT, IACINTE.

*Il faut que dans cette Scene Géronte & Lucinde séparent les deux Amans : & que Iacinte soit au milieu de tout, vn peu derriere.*

ARIMANT *à Lucinde.*

IE vous le disois bien, voyez vous l'infidelle?

GERONTE *à Belamire.*

Oüy, ie veux vous aimer d'vne ardeur éternelle;
Ie vous l'ay déja dit, mon cœur est tout à vous,
Et dans peu, ie prétens deuenir vótre Epoux.
*à Lucinde.*
En vous donnant mon Fils, donnez-moy Belamire;
Pour vous, auec plaisir, ie consens qu'il soûpire:
Mais vous deuez, aussi, Madame, à vótre tour,
Souffrir que cette Belle approuue mon amour.

IACINTE *à Lucinde.*

Donnez-luy, vous pourrez n'étre iamais Grand'Mére.

LVCINDE.

I'y consens de bon cœur.

ARIMANT.

Si quelqu'autre qu'vn Pére
M'enleuoit vn Objet qui cause tous mes vœux....

IACINTE.

Hé quoy, vous prétendiez vous marier à deux?
N'aimez-vous pas Lucinde?

ARIMANT.

*à Lucinde.*

Il est vray : Mais, Madame,
Vous deuez excuser le trouble de mon Ame.

BELAMIRE *à Arimant.*

Quoy? vous l'épouserez?

ARIMANT.

Ses charmes sont bien doux.

IACINTE *à Belamire.*

Sçachez que vôtre Mére est plus jeune que vous.

GERONTE *à Belamire.*

L'aimeriez-vous encor?

BELAMIRE.

I'oubliois son injure,
Et le ne songeois plus que ce n'est qu'vn Parjure;
Ie ne puis le souffrir, il m'est trop odieux.

ARIMANT *à Lucinde.*

Ie puis facilement trouuer dedans vos yeux,
*En se retournant vers Belamire.*
Dequoy me consoler. N'esperez pas, Madame,
Que ie pense iamais à ma premiére flame.

BELAMIRE *à Géronte.*

De mon cœur pour iamais, ie sçauray le banir.
*Deuers Arimant.*
Croyez que mon amour ne peut plus reuenir.

ARIMANT.

Eust-on pû le penser?

BELAMIRE.

Auroit-on pû le croire?

ARIMANT.

M'oublier!

BELAMIRE.

Me chasser si tôt de sa mémoire!

ARIMANT *à Lucinde.*

Mais, Madame....

LUCINDE.

Il faudroit....

ARIMANT *à Lucinde.*

Ne remarquez-vous pas,
Comme, de son amour elle luy parle bas?

BELAMIRE *à Géronte.*

Il le faut auoüer, ma peine est sans pareille;
Voyez que de sa Flâme, il luy parle à l'oreille.
*à Arimant.*
Vous serez donc mon Pere?

ARIMANT *à Belamire.*

Et vous, ma Mére aussy?
I'en ay peu de chagrin.

BELAMIRE.

Et moy, peu de soucy.

ARIMANT *à Lucinde.*

Ie l'aimois toutefois, & malgré ma colére,
Ie sens....

LUCINDE *à Arimant.*

Est-ce par là que vous me voulez plaire.

ARIMANT *à Lucinde.*

Ah! Madame, excusez les transpors d'vn Amant.

BELAMIRE *à Géronte.*

Il le faut auoüer, ie l'aimois tendrement,
Et sens, encor, pour luy, que mon cœur....

GERONTE *à Belamire.*

Quoy, Madame,
Prétendez-vous par là, me prouuer vôtre flâme?

ARIMANT.

Pour la derniere fois, ie la veux quereller.

BELAMIRE.

Pour la derniere fois, laissez-moy luy parler.

*L'vn passe par deuant Lucinde, & l'autre par deuant Géronte; & prenant tous deux le milieu, ils se trouuent l'vn pres de l'autre.*

LVCINDE *à Arimant, en l'arrestant.*

Vous ne le deuez point, gardez bien de le faire.

IACINTE *à Arimant.*

Arrétez...

ARIMANT.

Ie prétens luy montrer ma colére.

GERONTE *à Belamire, en l'arrestant.*

Que faites-vous?

BELAMIRE.

Ie veux luy montrer mon dépit.

*Là ils se trouuent l'vn prest de l'autre.*

Mais quoy! le cœur me bat!

ARIMANT.

Ie ſuis tout interdit.

BELAMIRE.

Ie ne ſçaurois parler.

ARIMANT.

Ie ne ſçay que luy dire.

BELAMIRE.

Quoy? l'aimerois-je encor?

ARIMANT.

Ie croy que ie ſoûpire.

BELAMIRE.

Vous ne m'aimez, donc, plus?

ARIMANT.

Vous ne m'aimez, donc, pas?

BELAMIRE.

Parlez vous?

ARIMANT.

Parlez vous?

BELAMIRE.

Que puis-je dire, helas!

GERONTE.

Ce jeu qui me déplaît, laſſe ma patience;
I'ay voulu quelque temps, me contraindre au ſilence;
Mais, enfin, ie conoy que ſouuent les Amans
Se diſent des douceurs dans leurs emportemens,
Et que chez eux le nom d'Ingrat. & d'Infidéle,
Veut dire. ie vous aime, & marque trop de zéle.

*à ſon Fils.*

Cependant, eſt-ce ainſi que l'on doit m'obeïr?

*En montrant Belamire.*

Et deuez-vous l'aimer, pour m'en faire haïr?

Si vous montrez iamais d'amour à cette Belle;
Si i'apprens que iamais, vous soûpiriez pour elle,
Ie..... Mais sortez d'icy.

ARIMANT.

Ie ne veux plus l'aimer.

LVCINDE.

Il faudroit qu'elle sçeut vn peu moins le charmer.

## SCENE VIII.

### ARIMANT, LVCINDE, BELAMIRE, GERONTE, IACINTE, ERGASTE.

ERGASTE.

MAdame, sçauez-vous que par tout on publie
Le retour de Monsieur?

IACINTE.

Ce n'étoit point folie;
Ie disois bien tantôt, qu'on pouuoit le reuoir.

LVCINDE *à Iacinte.*

D'où peut venir ce bruit? va viste le sçauoir.

*Elle sort auec Ergaste.*

GERONTE.

Las! il n'est que trop mort, quād nous fismes naufrage,
Il ne pût, comme moy, regagner le riuage;
Et depuis ce malheur, dont i'ay beaucoup d'ennuy,
Personne n'a receu de nouuelles de luy.
Depuis quatre ans, ie pleure vn Amy si fidelle,
Et ce bruit est, sans doute, vne fausse nouuelle.

# SCENE IX.

## LVCINDE, ARIMANT, BELAMIRE, GERONTE, IACINTE.

IACINTE.

MA foy, c'est tout de bon, il ne se trompoit pas;
Et i'ay trouué Cleon, qui l'asſûroit là bas;
Il vient, asseurément, pour danser à la Noce,
Il est, peut-être, allé décendre chez Mandoce,
Croyant que le Festin se fait chez ce Traiteur.

GERONTE.

Celuy qui vous l'a dit, doit étre vn Imposteur.

IACINTE.

I'auois raison tantôt, Neptune le renuoye,
Pour venir prendre part à la commune joye.
Ie croy que de son sort il aura pris pitié,
Ayant sçu qu'il auoit vne jeune Moitié.

# SCENE X.

## LVCINDE, ARIMANT, BELAMIRE, GERONTE, IACINTE, LE MARQVIS.

LE MARQVIS *à Lucinde.*

Madame, sçauez-vous vne grande nouuelle?

LVCINDE.

Que seroit-ce? parlez.

BELAMIRE.

Hé bien donc, quelle est-elle?

LE MARQVIS.

Cléante est de retour, ie viens de le quiter.
Il est chez vn Baigneur, & s'y fait ajuster:
Et comme il ignoroit d'abord cette Demeure,
Pour l'apprendre, il vouloit s'y reposer vne heure.

LVCINDE *à part.*

Que ie crains de le voir!

GERONTE.

Par quel éuénement
A-t'il pû se sauuer?

LE MARQVIS.

I'ay sçeu confusément,
Qu'vn Vaisseau qui passa, le sauua du naufrage;
Mais que le méme, enfin, le mit dans l'Esclauage.

GERONTE.

Mais puis qu'il va venir, nous ſçaurons tout de luy.

LVCINDE.

I'en reſſens de la joye, enſemble, & de l'ennuy;
De reuoir vn Epoux, i'ay beaucoup d'allégreſſe,
Et de perdre vn Amant, i'ay beaucoup de triſteſſe.
Adieu, ie vais ſonger à mes ſecrets ennuis:
Mais i'eſpere, dans peu, vous embraſſer en Fils.
Belamire vous aime, & n'eſt point infidelle.

LE MARQVIS.

Pour moy, ie m'en vais rire, ou pleurer auec elle.

## SCENE DERNIERE.

### GERONTE, ARIMANT, BELAMIRE, IACINTE.

IACINTE *à Arimant.*

C'Eſt ſur moy que déuroit tomber vôtre courroux.
Belamire, iamais, n'aima d'autres que vous.
*à Belamire.*
Ie puis vous dire, auſſi, qu'Arimant eſt fidelle;
Et pour vous mieux prouuer cette grande nouuelle;

Voila vôtre Billet, qui n'est point déchiré.
*à Arimant.*
Elle vous l'écriuoit, soyez-en asseuré,
L'incident du Marquis étoit vn tour d'adresse,
Que ie faisois joüer, pour seruir ma Maîtresse.

GERONTE *à Iacinte.*

Que nous viens-tu conter? tu te moques de nous.
*à son Fils.*
Si ie vous vois, encor, luy faire les yeux doux....

ARIMANT.

Puis-je vous obeïr, si l'Amour ne l'ordonne?

BELAMIRE.

Si ie n'ay vôtre Fils, ie veux n'étre à personne;
Et puis qu'il me conserue vne fidelle ardeur,
Vous n'obtiendrez iamais, ny ma main, ny mõ cœur:
Mon Pére de retour, voudra nôtre Hymenée,
Et c'est à vôtre Fils qu'il m'auoit destinée;
Vous sçauez qu'il l'aimoit, & méme tendrement.

ARIMANT.

Vous donnâtes alors, vôtre consentement.

GERONTE.

Que cela m'embarrasse!

BELAMIRE.

Hé quoy! pour vôtre Fille,
Me refuseriez-vous?

GERONTE.

Entrez dans ma Famille,
Ie le veux, & ne puis en vser autrement.
Ie consens que mon Fils soit, encor, vôtre Amant;
La Raison me l'ordonne, aussi bien que mon âge,
Et malgré mon Amour, ie veux parétre sage.

FIN.

www.ingramcontent.com/pod-product-compliance
Ingram Content Group UK Ltd.
Pitfield, Milton Keynes, MK11 3LW, UK
UKHW021111290826
14628UKWH00014B/1580

9 782019 673253